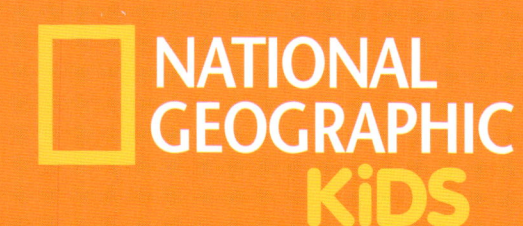

초등학생을 위한
세계 지도책

내셔널지오그래픽 키즈 외 지음 | 서남희 옮김

차례

세계를 알아봐요

둥근 지구를 평평하게 만들기	4
지도란 무엇일까요?	6
이 책에서 무엇을 배울 수 있나요?	8
자연 지도	10
자연 지도 살펴보기	12
정치 지도	14

이 책은 여러 지도와 사진들을 통해 지구를 독특한 곳으로 만드는 사람, 문화, 자연의 놀랍도록 다양한 모습을 담고 있어요. 전통 생활 방식부터 현대적인 생활 방식, 야생 동물과 북적이는 도시에 이르기까지 이 지구 안에 땅과 사람이 얼마나 다양한지 살펴보세요.

아시아	16
땅	18
사람	20
대한민국	22

유럽	24
땅	26
사람	28

아프리카	30
땅	32
사람	34

북아메리카   36
  땅   38
  사람   40
  미국   42
  캐나다   44

오세아니아   52
  땅   54
  사람   56

남아메리카   46
  땅   48
  사람   50

남극 대륙   58
  땅   60

한눈에 보는 세계   62
  용어 풀이   63
  찾아보기   64

둥근 지구를 평평하게 만들기

문 밖으로 나가 보면 지구가 평평하게 보일 거예요. 우주 비행사처럼 지구 밖 우주로 나가 볼 수 있다면 지구는 푸른 바다와 녹색을 띤 갈색 땅과 새하얀 구름이 어우러진 거대한 공처럼 보이겠지요. 그러나 우주에서 지구를 바라볼 때조차, 나와 마주하는 부분만 보일 뿐이에요. 지구 전체를 한 번에 보려면 지도가 필요해요! 지도는 둥근 지구를 평평하게 만든 거예요. 지도를 보면 지구 전체를 한 번에 다 볼 수 있답니다.

◀ **우주에서 바라보는 지구**
우주에서 바라보는 지구는 바다와 육지, 구름이 있는 둥근 모양이에요. 한 번에 지구의 한 부분만 볼 수 있지요.

4 세계를 알아봐요

지구본으로 보는 지구
지구본은 거치대에 세워 놓거나 손으로 들 수 있는 아주 작은 지구 모형이에요. 그래도 지구 전체를 한 번에 볼 수는 없어요. 지구 반대편을 보려면 지구본을 빙그르르 돌려야 해요.

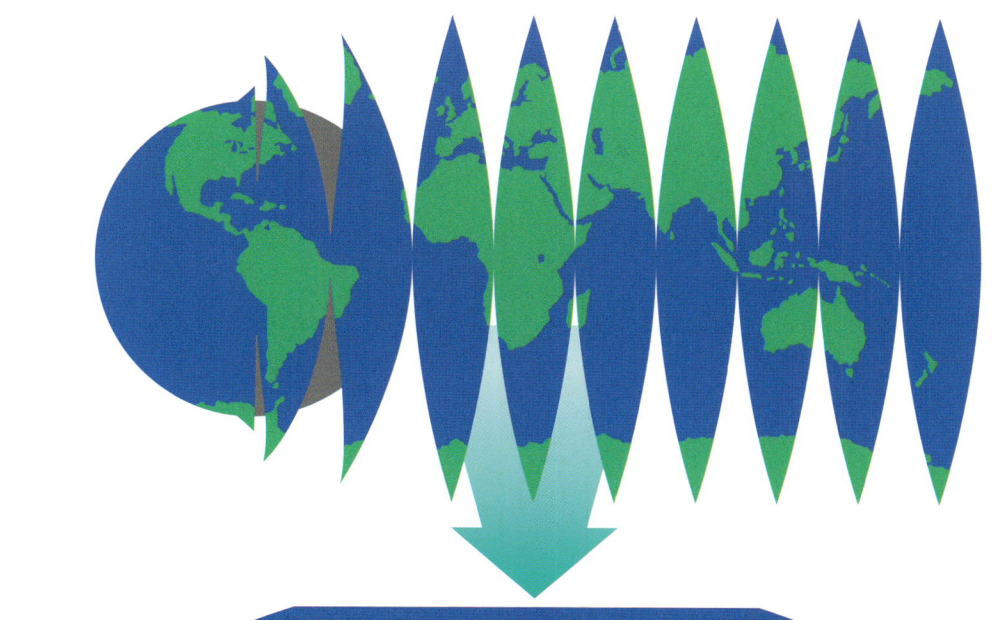

종이로 보는 지구
오렌지 껍질을 벗기듯이 지구 표면을 벗길 수 있다면 지구를 평평하게 만들 수 있을 거예요. 그러나 조각들 사이에 빈틈이 생기겠지요. 지도 제작자들은 그 틈을 채우기 위해 조각 위아래에서 육지와 바다 부분을 늘여요. 이렇게 하면 지도로 전 세계를 한 번에 볼 수 있답니다.

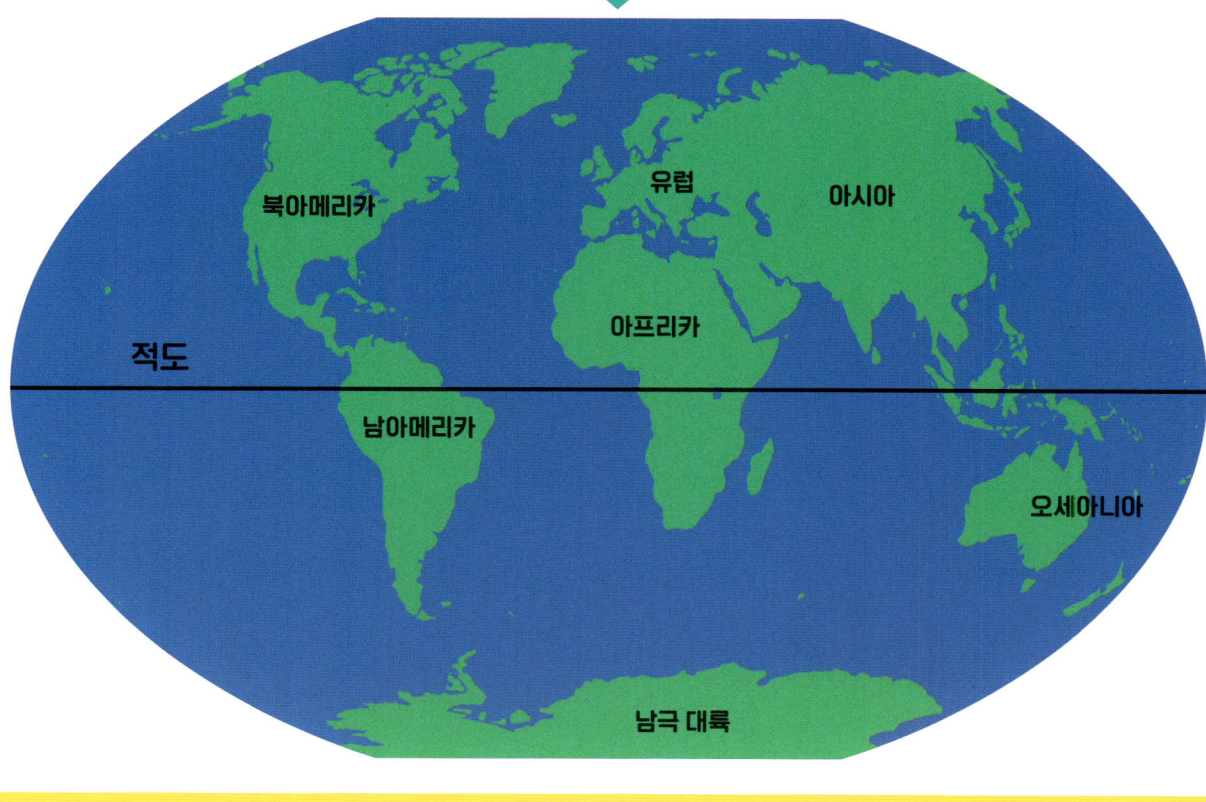

적도
적도는 지구의 중간 부분에 그은 상상의 선이에요. 이 선을 사이에 두고 지구는 북반구와 남반구로 나뉘어요.

세계를 알아봐요

지도란 무엇일까요?

지도는 어떤 장소를 위에서 내려다보고 그린 그림이에요. 지도는 평평하며, 실제의 장소보다 훨씬 작아요. 내가 지금 있는 곳이 어디인지 알고 싶거나 가고 싶은 곳을 찾을 때 지도의 도움을 받을 수 있어요.

우리 집을 지도에 나타내 볼까요?

지상에서 볼 때
마당에서 볼 때는 눈앞의 모든 게 서 있는 그대로 보여요. 하지만 지붕과 나무 꼭대기를 보려면 눈을 들어 위를 쳐다봐야 해요. 게다가 집 앞쪽에 무엇이 있는지는 볼 수 없어요.

높은 곳에서 볼 때
높은 곳에서는 저 아래 있는 것들을 내려다볼 수 있어요. 나무와 이웃집의 마당도 보여요.

지도에서 장소를 찾아볼까요?

어디를 가야할 때 지도의 도움을 받을 수 있어요.
지도에 나온 방위표, 축척 및 기호를 알면 지도를 읽을 수 있지요.

방위표는 올바른 방향으로 갈 수 있게 해요. 현재 지도에서 북쪽, 남쪽, 동쪽, 서쪽의 위치를 알려 주지요.

북쪽을 가리키는 화살표만 표시된 지도도 있어요.

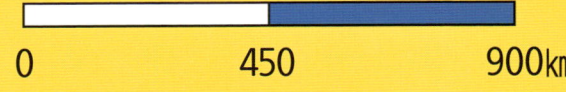

축척 막대는 지도상의 거리와 실제 거리의 비율을 알려 줘요. 축척을 알면 지도에 나타난 거리가 실제로는 몇 킬로미터나 되는지 알 수 있어요.

세계를 알아봐요

새의 시각에서 볼 때
공중에서 높이 날아가는 새가 아래를 보면, 집이나 나무들의 맨 윗부분만 납작하게 보일 거예요. 벽이나 나무 줄기, 자동차 바퀴나 지나가는 사람의 발은 보이지 않겠죠.

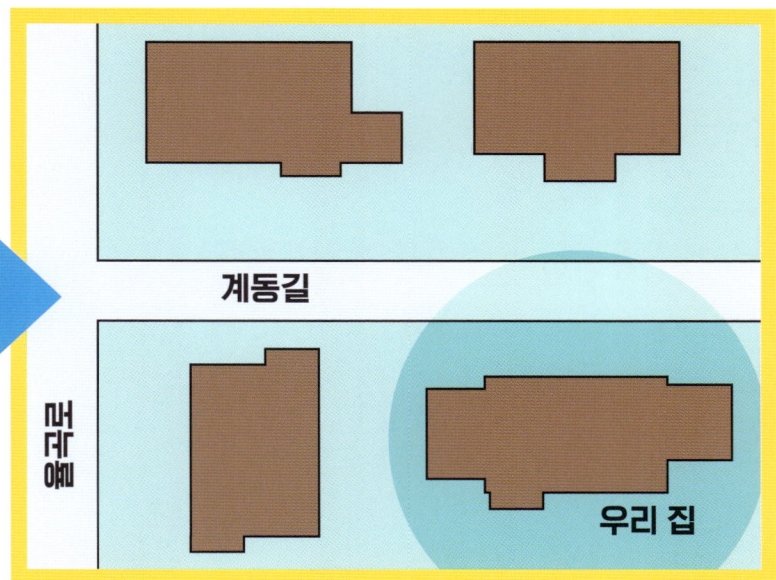

지도로 볼 때
지도는 어떤 장소를 새의 시각에서 내려다본 모습으로 나타내요. 지도는 단순하게 그린 기호를 이용해서, 위의 집들처럼 그 자리에 고정된 것을 보여 줘요.

지도 기호표는 산, 사막, 초원 등을 지도에서 어떤 기호로 나타내는지 알려 줘요.

지도 기호표
- 산
- 사막
- 침엽수림
- 낙엽수림
- 우림
- 초원
- 습지
- 툰드라
- 화산
- 건조 기후의 염호
- 유럽과 아시아의 경계

세계를 알아봐요

이 책에서 무엇을 배울 수 있나요?

01 책을 한 장씩 넘길 때마다 여러분은 세상을 손에 넣을 수 있어요. 자연 지도는 지구의 자연을 나타내고 정치 지도는 사람들이 만든 나라와 도시, 마을 등의 지역 특성을 보여 주지요.

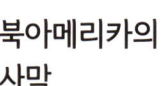
북아메리카의 사막

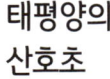
태평양의 산호초

자연 지도

 **땅** 대륙이 어떤 종류의 땅인지 나타내요. 산과 사막이 있나요? 그렇다면 그것들은 어디에 있나요?

 **물** 대륙의 주요 호수, 강, 폭포를 나타내요. 대륙마다 물의 양이 서로 다르다는 것도 알 수 있어요.

 **기후** 기후는 오랫동안 한 지역에서 나타나는 날씨를 말해요. 다른 대륙보다 더 춥고 습하거나 더 뜨겁고 건조한 대륙이 있다는 것도 알 수 있어요.

 **식물** 어떤 대륙에서 어떤 종류의 식물이 자라는지 알 수 있어요.

 **동물** 대륙마다 환경에 적응해 살아 가는 토박이 동물들이 있어요. 아시아는 호랑이가 야생에서 사는 유일한 대륙이라는 사실을 알고 있나요?

아시아의
산맥

말라위의
사탕수수 농부

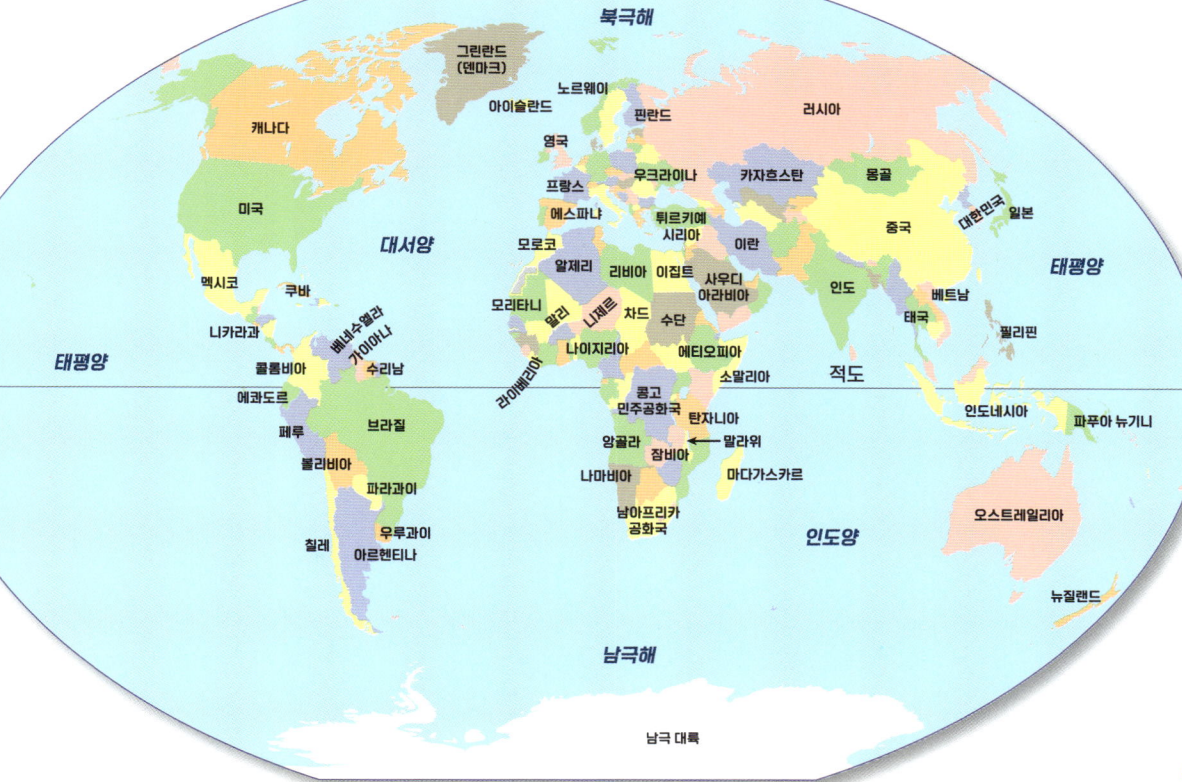

유럽의
유로스타 열차

캐나다의
토론토

정치 지도

 **나라** 대륙을 이루고 있는 나라들을 나타내요. 이 책의 지도에서는 나라 이름을 진한 글씨로 표시해요. (예: **대한민국**)

 **도시** 대륙에서 사람들이 가장 많이 사는 큰 도시들을 나타내요. 그중 수도는 기호 ✪로 표시해요.

 **사람** 각 대륙에 사는 사람들이 어디에 살고, 무엇을 하며 무엇을 즐기는지 알 수 있어요.

 **언어** 대부분의 대륙에서 다양한 언어를 쓰고 있어요. 이 기호는 각 대륙에서 가장 많은 사람이 쓰는 언어를 알려 줘요.

베트남의
학생들

자연 지도

자연 지도는 산맥, 사막, 숲과 같은 자연의 특징이 있는 곳을 기호와 색깔로 나타내요.

지도 기호는 지도에 나온 색깔과 무늬가 무슨 뜻인지 알려 줘요.

10 세계를 알아봐요

자연 지도 살펴보기

지구의 표면은 육지와 물로 이루어져 있어요. 가장 큰 땅덩어리를 대륙이라고 해요. 이 지도에는 7개 대륙 이름이 모두 나와 있어요. 섬은 사방이 물로 둘러싸인 작은 땅이에요. 가장 큰 섬은 그린란드예요. 반도는 세 면이 바다로 둘러싸인 땅이에요. 유럽에는 반도가 많아요.

대양은 지구에서 가장 큰 수역이에요. 이 지도에서 대양 다섯 개를 모두 찾아보세요. 태평양, 대서양, 인도양, 북극해, 남극해는 어디에 있을까요? 호수는 북아메리카의 오대호와 같이, 육지로 둘러싸인 수역이에요. 강은 호수나 바다로 흘러드는 큰 물길이에요. 아프리카의 나일강이 가장 길어요.

이런 것들이 지구 표면의 중요한 특징이에요. 대륙에는 산, 사막, 숲 같은 다른 지형 특징도 있어요. 아래의 지도 기호들은 이 책의 자연 지도에 실려 있는 몇몇 특징들을 나타내요. 기호의 뜻을 알려 주는 간단한 설명을 참고하세요. 또 각각의 특징이 실제 세상에서는 어떻게 보이는지 사진으로 알아보세요.

 **산**
지표면에서 최소 305미터 높이로 솟아오른 땅

 **사막**
아주 덥거나 춥고, 모래나 바위가 많은 매우 건조한 땅

 **침엽수림**
바늘 모양 잎들이 난 나무들로 이루어진 숲

빙상
남극에서처럼, 넓은 땅을 1년 내내 덮고 있는 두꺼운 얼음층

툰드라
따뜻한 몇 달 동안만 키 작은 식물들이 자라는 추운 지역

습지
축축한 땅이나 대부분이 늪과 같은 물로 덮인 땅

낙엽수림
가을에 단풍이 들면서 낙엽이 지는 나무들로 이루어진 숲

열대 우림
1년 내내 덥고 비가 많은 지역의 높은 나무들로 이루어진 숲

초원
비가 너무 적게 내려 나무가 많이 자랄 수 없는, 풀로 덮인 땅

세계를 알아봐요 **13**

정치 지도

정치 지도에는 사람들이 사는 곳들과 그 경계뿐 아니라 사람들의 특성이 나와요. 이 지도에는 세계 여러 나라와 영토의 이름이 나와 있어요.

여러 가지 색을 써서 나라의 크기와 모양을 한눈에 볼 수 있게 했어요.

아시아

아시아는 지구에서 가장 큰 대륙이에요. 세계에서 가장 높은 산인 에베레스트산이 있는 곳이죠. 세계에서 가장 긴 강, 가장 큰 사막, 가장 울창한 숲도 아시아에 있어요. 사해는 이 대륙에서 가장 낮은 곳이에요. 물이 너무 짜서 물고기를 비롯한 동물들이 살 수 없어 "죽은" 바다라고 불려요. 아시아는 사람들이 가장 많이 사는 대륙이기도 해요. 오래전 세계 최초의 도시들이 세워진 곳도 아시아의 강들 사이였답니다.

인도천산갑은 온몸이 비늘로 덮여 있어 포식자의 위협을 막기 좋아요.

중국의 상하이는 중국에서 가장 인구가 많은 도시이자, 세계에서 가장 큰 항구 중 하나예요.

땅 아시아

히말라야산맥의 에베레스트산이 8,849미터 높이로 우뚝 솟아 있어요.

- **땅** 아시아 대륙의 대부분은 초원, 숲, 툰드라로 덮인 굴곡이 많은 평원이에요. 그러나 남쪽에는 히말라야산맥을 비롯한 높은 산들이 뻗어 있지요. 남서부와 중앙아시아의 대부분은 사막 지대예요.

- **물** 아시아에는 큰 강과 호수 들이 있어요. 가장 긴 강은 양쯔강이에요. 아시아와 유럽에 걸쳐 있는 카스피해는 세계에서 가장 큰 짠물 호수예요. (어떤 나라는 바다로 여겨요.) 바이칼호는 세계에서 가장 깊은 호수예요.

- **기후** 북아시아는 겨울은 춥고 길며, 여름은 짧고 시원해요. 남아시아의 대부분 지역은 늘 따뜻하지만, 여름에는 폭우가 내려요.

- **식물** 침엽수림 지대인 타이가가 북쪽을 가로질러 뻗어 있어요. 아시아 중앙에는 스텝 지대라고 하는 초원이 펼쳐져요. 남동쪽에는 열대 우림이 빽빽하게 우거져 있어요.

- **동물** 호랑이, 대왕판다, 코브라는 야생으로는 아시아에서만 살아요.

혹이 하나인 단봉낙타가 아라비아반도의 넓은 사막을 가로지르며 걸어가요. 낙타는 무거운 짐을 싣고 옮기며, 고기는 식량으로, 털은 천을 짜는 데 쓰여요.

메콩강과 남중국해가 만나는 메콩강 삼각주는 남아시아 사람들에게 중요한 물과 식량 공급원이에요.

18 아시아

아시아

보르네오섬 동부의 강을 따라 원주민 마을 위로 나무들이 높이 솟아 있어요. 인도네시아는 기온이 따스하고 강우량이 많아서 열대 우림이 우거져 있지요.

지도 기호표

- 산
- 사막
- 침엽수림
- 낙엽수림
- 열대 우림
- 초원
- 습지
- 툰드라
- 화산
- 건조 기후의 염호
- 댐
- 볼거리
- 유럽과 아시아의 경계

이 분홍색 난초사마귀는 색과 모양이 난초 꽃과 비슷해서 구별하기 힘들어요. 이렇게 꽃으로 위장하고 다른 곤충을 잡아먹지요.

중국 중앙부의 숲에서만 야생으로 사는 대왕판다는 주로 산에서 자라는 대나무를 먹고 살아요.

지도 라벨

북극해, 베링해, 유럽, 우랄산맥, 유럽-아시아 경계, 오비강, 예니세이강, 레나강, 아무르강, 바이칼호 (세계에서 가장 깊은 호수), 카스피해, 아랄해, 스텝 지대, 톈산산맥, 고비사막, 황허강, 인더스강, 브라마푸트라강, 히말라야산맥, 갠지스강, 에베레스트산 (아시아에서 가장 높은 곳), 대왕판다의 서식지, 양쯔강, 산샤댐, 태평양, 메콩강, 아라비아해, 벵골만, 메콩강 삼각주, 남중국해, 수마트라섬, 보르네오섬, 뉴기니섬, 인도양

사람
아시아

이 건물은 말레이시아 쿠알라룸푸르에 있는 페트로나스 타워예요. 세계에서 가장 높은 쌍둥이 건물이지요.

 **나라** 아시아는 46개국이 속해 있어요. 중국은 아시아에서 가장 큰 나라예요. 러시아는 면적이 가장 넓지만, 수도가 유럽에 있어서 유럽 국가지요(28~29쪽 참조). 인도네시아는 아시아에서 가장 큰 섬나라예요.

 **도시** 아시아에는 너무 높거나 너무 건조하거나 너무 추워서 사람이 살기 어려운 지역이 많아요. 그래서 도시가 대체로 해안 근처나 강을 따라 나 있어요. 일본의 도쿄는 인구가 가장 많은 도시예요.

 **사람** 아시아는 인구가 가장 많은 대륙이에요. 인종마다 언어와 관습과 생김새가 달라요. 사람들은 농업과 어업뿐 아니라 제조업, 첨단 산업 등 다양한 일을 해요.

 **언어** 아시아에서 쓰이는 언어는 2300개가 넘어요. 그 어느 대륙보다 많지요. 푸통화(표준 중국어)는 아시아에서 가장 많이 사용되어요.

참고: 러시아, 카자흐스탄, 아제르바이잔, 조지아, 튀르키예는 유럽과 아시아에 걸쳐 있어요.

참고: 이집트는 아프리카와 아시아에 걸쳐 있어요.

캄보디아의 앙코르 와트 사원은 힌두교의 신인 비슈누를 모시던 곳이에요. 이 사원은 세계에서 가장 큰 종교 건축물로 여겨져요.

이 소녀는 점토로 만든 등인 디야를 들고서 인도의 빛의 축제인 디왈리를 축하하고 있어요.

중국 상하이에 사는 이 소년은 중국어의 문자인 한자를 쓰고 있어요. 한자는 한 글자가 한 단어이거나 뜻을 담고 있어요.

아시아

북극해
태평양
베링해

지도 기호표
- ⊛ 수도
- ◎ 기타 수도
- • 도시
- ■ 볼거리
- ▨ 건조 기후의 염호

러시아
- 모스크바
- 유럽-아시아 경계
- 세베르나야제믈랴 제도
- 노보시비르스크 제도
- 노바야제믈랴섬
- 오브강
- 이르티시강
- 예니세이강
- 레나강
- 아무르강
- 바이칼호
- 사할린섬

카자흐스탄
- 누르술탄 ⊛
- 바쿠
- 카스피해

우즈베키스탄
- 타슈켄트 ⊛

투르크메니스탄
- 아시가바트 ⊛

키르기스스탄
- 비슈케크 ⊛

타지키스탄
- 두샨베 ⊛

아프가니스탄
- 카불 ⊛

몽골
- 울란·토르 ⊛

중국
- 하얼빈
- 셴양
- 베이징 ⊛
- 시안
- 청두
- 우한
- 상하이
- 황허강
- 양쯔강(창장강)
- 충칭
- 홍콩

북한
- 평양 ⊛

대한민국
- 서울 ⊛

일본
- 도쿄 ⊛
- 오사카

타이완
- 타이베이 ⊛

파키스탄
- 무스카트
- 카라치
- 이슬라마바드 ⊛
- 인더스강

인도
- 델리
- 뉴델리 ⊛
- 뭄바이
- 콜카타
- 첸나이
- 갠지스강
- 브라마푸트라강
- 아라비아해
- 벵골만

네팔
- 카트만두 ⊛

부탄
- 팀푸 ⊛

방글라데시
- 다카 ⊛

미얀마
- 네피도 ⊛

라오스
- 비엔티안 ⊛

태국
- 방콕 ⊛
- 반파퐁피앙
- 메콩강

캄보디아
- 프놈펜 ⊛
- 앙코르 와트 사원 ■

베트남
- 하노이 ⊛
- 호찌민
- 하이난섬

필리핀
- 마닐라 ⊛
- 필리핀해

몰디브
- 말레 ⊛

스리랑카
- 콜롬보
- 스리자야와르데네푸라코테 ⊛

말레이시아
- 쿠알라룸푸르 ⊛

싱가포르 ⊛
- 수마트라섬

브루나이
- 반다르스리브가완 ⊛

인도네시아
- 자카르타 ⊛
- 자바섬
- 발리섬
- 보르네오섬
- 술라웨시섬
- 뉴기니섬

동티모르
- 딜리 ⊛

인도양

오스트레일리아

▲ 태국의 농부가 논에서 벼를 돌보고 있어요. 아시아 대륙에서는 전 세계에서 생산되는 쌀 대부분을 재배해요.

◀ 원유와 천연가스 같은 화석 연료는 주로 이 지역에서 생산해요. 이 연료를 이용해서 가정과 도시에 에너지를 공급하지요.

0 900km

사람
대한민국

한강은 남한강과 북한강이 합쳐져 서울을 가로지른 뒤 황해와 만나는 큰 강이에요.

 **나라** 대한민국의 영토는 한반도와 그에 속한 섬들이에요. 1953년에 남북이 분단되었어요. 현재는 특별시 1개, 도 6개, 특별자치도 3개(강원, 전북, 제주), 광역시 6개, 특별자치시 1개로 이루어져요.

 **도시** 대한민국의 수도는 서울이에요. 부산, 인천, 대구, 대전, 광주, 울산은 인구가 100만 명이 넘는 광역시이고, 세종은 행정 도시로 계획한 특별자치시예요.

 **사람** 사람들이 서울과 경기도에 많이 살아서 인구가 수도권에 집중되어 있어요.

 **언어** 한국어를 쓰고, 한글을 써요. 한글은 1443년에 세종 대왕이 만든 고유한 문자예요. 교통 표지판은 영어도 함께 표시해요.

쌀밥에 여러 가지 나물과 고기, 달걀을 얹고 고추장을 넣어 비벼 먹는 비빔밥은 대표적인 한식이에요.

서울 덕수궁에서 기와를 올린 중화전과 근대식 석조전 너머 고층 빌딩까지 한눈에 볼 수 있어요. 서울은 전통과 현대가 어우러진 도시예요.

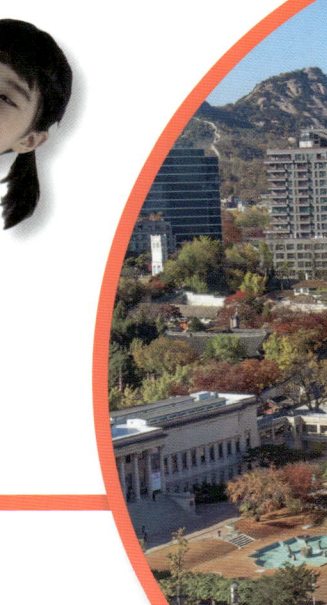
태권도는 한국의 전통 무예에서 시작된 스포츠예요. 품새를 익히고 손과 발을 써서 상대방과 겨뤄요. 어린이부터 어른까지 즐길 수 있는 운동이지요.

유럽

유럽을 여행하다 보면 성과 뻐꾸기시계와 조약돌로 포장한 예스러운 거리들을 볼 수 있어요. 그러나 유럽은 가장 현대적인 대륙이기도 해요. 초고속 열차를 타고 영국 해협 아래 해저 터널을 지나고, 이탈리아에서 제작되는 스포츠카를 구경하고, 프랑스 파리의 에펠탑과 같은 유명한 건축물을 볼 수 있어요. 지도에서 보면 유럽이 아시아의 일부 같지만, 서로 다른 대륙이에요.

스라소니는 서유럽과 러시아를 거쳐 중앙아시아의 우거진 숲이나 산악 지역에 퍼져 살아요.

보스니아 헤르체고비나의 네레트바강을 가로지르는 '오래된 다리' 스타리 모스트는 16세기에 처음 세워졌는데 20세기에 전쟁으로 파괴되었다가 수리해서 2004년에 다시 연결되었어요.

땅
유럽

아이슬란드섬

아일랜드섬 북해안의 자이언트 코즈웨이는 5000만 년에서 6000만 년 전에 땅이 갈라진 틈에서 용암이 흘러나와 식으면서 만들어졌어요.

대서양

땅 유럽의 가장 뚜렷한 특징은 온갖 크기의 만과 반도들이 들쭉날쭉 이어진 긴 해안선이에요. 높은 알프스산맥은 남유럽의 넓은 지역에 뻗어 있어요.

물 유럽에는 큰 강이 많아요. 다뉴브강, 라인강, 볼가강이 중요한 강으로 꼽혀요.

기후 대서양에서 불어오는 따뜻한 바람 덕분에 유럽 대부분은 맑고 따스하며 비가 자주 내려요. 그래서 유럽의 여러 지역은 농사짓기 좋아요.

식물 유럽에서 가장 큰 숲들은 북쪽에 있어요. 코르크와 올리브 나무는 지중해 근처에서 자라요.

동물 북쪽에는 순록이 많아요. 알프스산에는 온갖 종류의 염소들이 살아요. 울새, 나이팅게일, 참새는 유럽의 토박이 새예요.

자이언트 코즈웨이

아일랜드섬

그레이트 브리튼섬

전 세계 산악인들은 알프스산맥의 높은 봉우리 중 하나인 마터호른에 오르고 싶어 해요.

피레네산맥

이베리아반도

아프리카

고산도롱뇽은 추위에 잘 적응한 양서류로, 주로 중부 유럽의 산지에 살아요.

노르웨이의 피오르는 빙하로 깎인 계곡에 바닷물이 들어차 생긴 좁고 긴 만이에요.

26 유럽

유럽

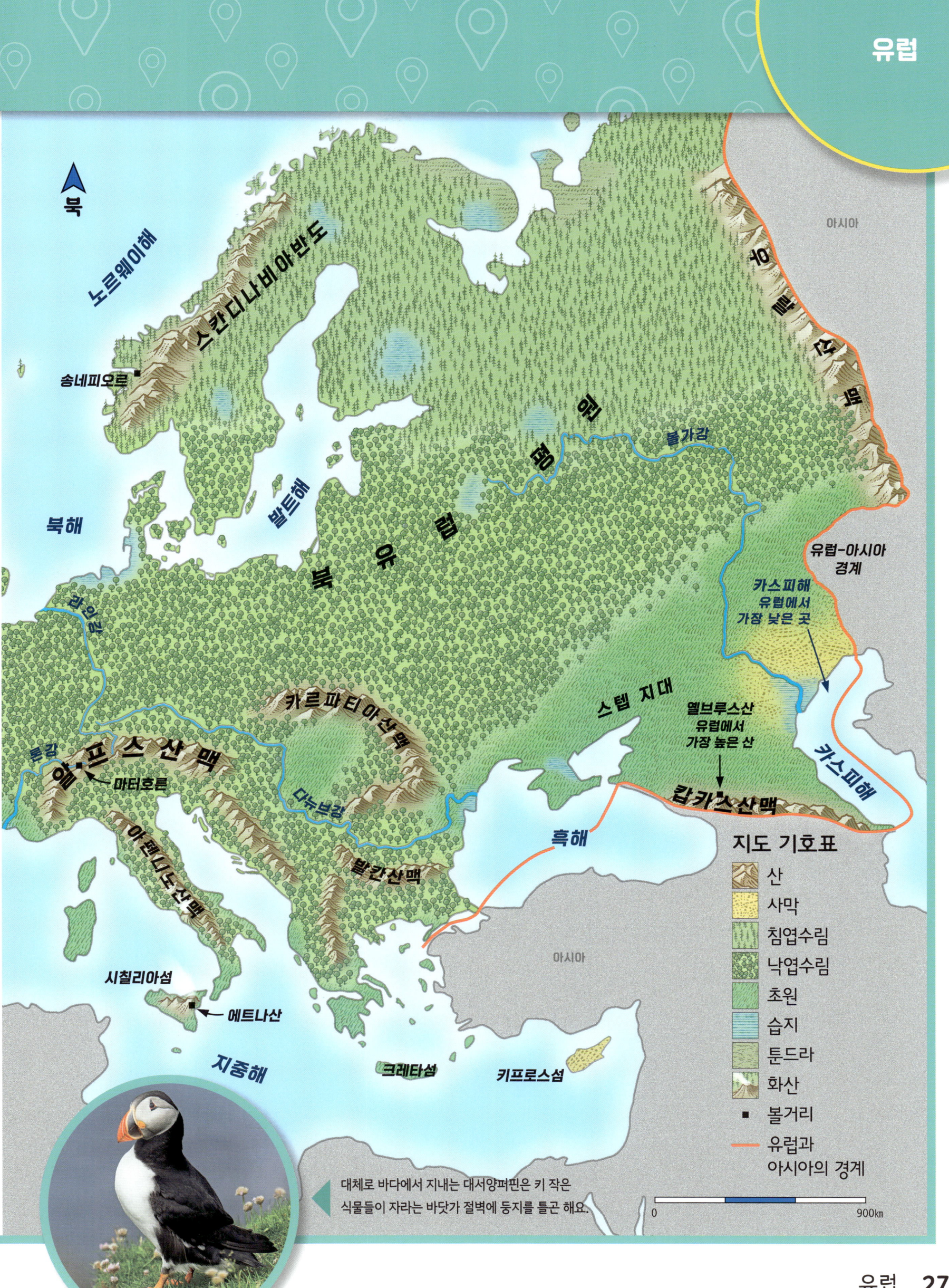

대체로 바다에서 지내는 대서양퍼핀은 키 작은 식물들이 자라는 바닷가 절벽에 둥지를 틀곤 해요.

사람
유럽

이 아이들은 에스파냐의 봄맞이 축제인 파야스를 위해 멋지게 차려입었어요.

 **나라** 유럽에는 46개 나라가 있어요. 러시아는 영토 대부분이 아시아에 있지만(20~21쪽 참조), 수도가 유럽 쪽에 있어서 유럽 대륙에 속해요. 유럽에서 가장 작은 나라인 바티칸 시국은 이탈리아의 로마 안에 있어요. 유럽의 섬나라는 아이슬란드, 영국, 아일랜드, 몰타, 키프로스, 이렇게 다섯 나라예요.

 **도시** 대부분의 유럽 도시는 바다에서 수백 킬로미터 떨어져 있어요. 유럽에서 가장 인구가 많은 도시는 러시아의 모스크바예요.

 **사람** 유럽에는 다양한 인종이 살아요. 시골보다 도시에 사는 사람들이 더 많아요.

 **언어** 유럽에서는 영어, 프랑스어, 독일어, 러시아어 등 다양한 언어를 사용해요.

자동차는 유럽에서 가장 값비싼 수출품 중 하나예요.

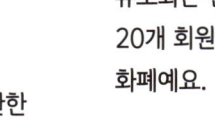

유로화는 현재 유럽 연합 20개 회원국의 공식 화폐예요.

대서양

레이캬비크 ★ 아이슬란드

페로 제도 (덴마크)

오크니 제도

스코틀랜드

아일랜드

더블린 ★

영국

런던 ★

영국 해협

파리 ★

프랑

보르도

포르투갈

리스본 ★

마드리드 ★

에스파냐

세비야

안도라

발레아레스 제도 (에스파냐)

지브롤터 해협 (영국)

해가 지면 이탈리아 로마의 콜로세움에는 환한 조명이 켜져요. 로마 제국은 거의 2000년 전에 이렇게 웅장한 원형 극장을 세웠어요.

지중해를 둘러싼 나라들은 따뜻한 날씨와 아름다운 해변, 멋진 마을들로 유명해요. 오른쪽 사진 속 마을은 몰타에 있어요.

유럽

성 바실리 대성당은 러시아 정교회의 유명한 성당이에요. 러시아의 수도 모스크바에 있지요.

아프리카

아프리카의 공원과 들판, 숲, 산에서는 코끼리, 사자, 고릴라, 하마, 기린, 얼룩말 같은 멋진 동물들을 볼 수 있어요. 또한, 케냐의 나이로비 같은 북적거리는 도시에서 화려한 야외 시장의 물건을 살 수도 있지요. 돛단배를 타고 나일강을 따라 내려가면서 고대 사원을 지나거나, 지구에서 가장 큰 사막인 사하라 사막에서 세계에서 높기로 손꼽히는 모래 언덕을 올라가 볼 수도 있는 곳이 아프리카이지요.

육지에서 가장 빠른 포유류인 치타는 시속 72킬로미터로 달릴 수 있어요.

빅토리아 폭포로 알려진 모시 오아 툰야는 세계에서 가장 큰 폭포 중 하나이며, 물이 땅의 모양을 바꿔 놓은 엄청난 광경을 보여 주지요.

땅
아프리카

 **땅** 아프리카는 높고 평평한 고원이 많고, 산지는 적어요. 가장 큰 사막은 사하라 사막과 칼라하리 사막이에요. 적도를 따라 열대 우림이 우거져 있고, 다른 곳은 초원인 사바나로 덮여 있어요.

 **물** 아프리카에서 가장 긴 강은 나일강과 콩고강이에요. 아프리카에서 가장 큰 호수들은 대체로 동아프리카 지구대에 있어요.

 **기후** 아프리카 한가운데를 적도가 가로지르고 있어서 이 대륙은 더운 곳이 많아요. 한편, 열대 기후의 우림은 늘 축축해요. 다른 지역은 대체로 우기와 건기가 있어요.

 **식물** 가시나무인 아카시아는 초원의 동물들에게 먹이와 그늘을 마련해 줘요. 대추야자는 사막의 물웅덩이 주위에서 자라요. 마호가니는 열대 우림에서 자라는 나무 중 하나예요.

 **동물** 아프리카에는 코끼리, 사자, 고릴라를 비롯해서 온갖 동물들이 많아요. 아프리카에 사는 몇몇 동물을 아래에서 만나 보세요.

아카시아 나무는 아프리카 초원에서 흔히 볼 수 있어요. 건조한 초원에서 물을 찾아 61미터 깊이까지 뿌리를 내리는 나무예요.

지도 기호표

- 산
- 사막
- 열대 우림
- 초원
- 습지
- 화산
- ■ 볼거리
- 폭포

0   900km

아프리카에서 가장 높은 곳인 킬리만자로산은 사실 화산이에요. 과학자들에 따르면 이 산은 약 36만 년 전에 마지막으로 분화했어요.

뱀잡이수리는 드넓은 사하라 사막 남쪽 초원에서 살아요.

아닥스는 사하라 사막에 살면서, 주식으로 먹는 식물에서 수분을 얻어요.

32 아프리카

사람
아프리카

이집트의 작은 돛단배 펠루카가 나일강을 따라 사람과 상품을 실어 날라요. 나일강은 빅토리아호에서 북쪽으로 흘러요.

 **나라** 강력한 몇몇 왕국들이 1800년대 후반에 아프리카를 지배했어요. 오늘날에는 54개의 독립 국가가 있어요. 알제리의 영토가 가장 넓고, 나이지리아의 인구가 가장 많아요.

 **도시** 카이로는 아프리카에서 가장 인구가 많은 도시예요. 북적이는 항구 도시이자 무역의 중심지이지요. 그러나 아프리카 사람들은 대부분 도시가 아닌 지역에서 살아요.

 **사람** 북아프리카 사람들은 대부분 아랍어를 쓰는 무슬림이에요. 사하라 사막 이남에서 사는 대부분의 흑인계 아프리카인들은 수백 개의 부족으로 이루어져 있어요. 유럽계 아프리카인들은 대개 대도시와 남아프리카 공화국에 살고 있어요.

 **언어** 북아프리카에서는 아랍어를 써요. 사하라 사막 이남에서는 다양한 부족 언어를 써요. 영어, 프랑스어, 포르투갈어도 쓰지요.

세계 최대의 카카오 생산지인 코트디부아르에서 노동자들이 잘 익은 카카오 열매를 거두고 있어요. 카카오 열매는 초콜릿을 만드는 데 쓰여요.

케냐의 학생들은 스와힐리어와 영어를 배워요. 둘 다 공식 언어예요.

스핑크스(왼쪽)와 피라미드(왼쪽 뒤)는 수천 년 전 고대 이집트 사람들이 세웠어요.

아프리카

북아메리카

북아메리카는 삼각형 모양이에요. 북쪽은 넓고 남쪽으로 갈수록 좁아져서 가장 좁은 지점의 폭은 겨우 48킬로미터쯤이에요. 그곳에 있는 파나마 운하는 대서양과 태평양을 이어 주는 중요한 통로예요. 따스한 카리브해의 섬들은 북아메리카에 속해요. 가장 북쪽에 있는 얼음으로 덮인 그린란드도 마찬가지예요. 멕시코와 남아메리카 사이에는 일곱 나라가 있으며, 이 지역을 중앙아메리카라고 해요. 북아메리카 북쪽과 남아메리카를 이어 주는 곳이지요.

북아메리카의 회색곰이 초원을 어슬렁거리고 있어요.

미국 뉴욕의 이스트강을 가로지르는 브루클린 다리는 브루클린과 맨해튼을 이어 주지요.

북아메리카

땅
북아메리카

땅 로키산맥은 북아메리카 북서쪽에서 멕시코까지 남북으로 뻗어 있어요. 멕시코에서는 서시에라마드레산맥이라고 불러요. 동쪽의 애팔래치아산맥은 더 오래되었고 높이가 낮아요. 두 산맥 사이에는 풀이 우거진 평원이 있어요.

물 미시시피강은 지류인 미주리강과 함께 북아메리카 대륙에서 가장 긴 강을 이루어요. 오대호는 세계에서 가장 큰 민물 호수들이 모인 곳이에요.

기후 북쪽은 매우 추워요. 남쪽으로 갈수록 기온이 올라 점점 따스해져요. 남서부의 건조한 지역은 사막으로 덮여 있지만, 중앙아메리카의 대부분은 습하고 더워요.

식물 비나 눈이 많이 오는 곳에는 큰 숲이 우거져 있어요. 강수량이 적은 곳에는 초원이 펼쳐져 있어요.

동물 북아메리카 대륙에서는 곰, 말코손바닥사슴, 늑대, 원숭이, 알록달록한 앵무새까지 온갖 동물을 볼 수 있지요.

미국 몬태나주 글레이셔 국립 공원의 호수에서 수컷 말코손바닥사슴이 걸어 나와요. 말코손바닥사슴은 헤엄을 매우 잘 쳐요.

북아메리카는 낙엽수림으로 유명해요. 가을이면 나뭇잎은 새빨갛게 단풍이 들었다가 떨어져요.

코스타리카의 태평양 연안에는 새하얀 모래와 맑은 물, 싱그러운 초록 식물들이 늘어선 아름다운 해변이 이어져 있어요.

미튼 뷰트는 북아메리카 남서부의 사막에서 땅이 융기하고 풍화와 침식을 거치며 엄지 장갑 모양이 된 암석들이에요. 모뉴먼트밸리에 있어요.

미국악어는 등에 단단한 비늘이 있어요. 이 악어들은 미국 동부의 민물 서식지에서 살아요.

북아메리카

사람
북아메리카

스노보드와 스키는 산악 지역에서 인기 있는 스포츠예요.

농부가 캐나다의 거대한 농장에서 밀을 거두고 있어요. 전 세계인이 먹는 밀의 대부분은 캐나다와 미국에서 재배해요.

 **나라** 캐나다, 미국, 멕시코, 중앙아메리카의 여러 나라와 서인도 제도가 북아메리카를 이루어요.

 **도시** 멕시코의 멕시코시티는 북아메리카에서 가장 인구가 많은 도시로, 미국의 뉴욕과 로스앤젤레스가 그 뒤를 잇고 있어요. 도미니카 공화국의 산토도밍고는 서인도 제도에서 인구가 가장 많은 도시예요.

 **사람** 북아메리카에는 유럽에서 건너온 사람들의 후손이 많아요. 또 아프리카와 아시아에서 온 사람들도 많아요. 다양한 아메리카 원주민 부족들도 대륙 전체에 흩어져 살아요.

 **언어** 주요 언어는 영어와 에스파냐어예요. 캐나다와 아이티에서는 프랑스어를 많이 써요. 아메리카 원주민들의 여러 언어도 있어요.

멕시코 예술 궁전은 멕시코시티에서 가장 유명한 건축물이에요.

이 붉은 열매 안에 든 씨앗이 커피콩이에요. 과테말라의 많은 농부가 커피를 재배해서 먹고살아요.

서인도 제도에 있는 나라, 트리니다드토바고의 아이들이 카니발(축제)을 즐기기 위해 멋지게 차려 입었어요.

미국 콜로라도주 메사버드 국립 공원에 있는 클리프 팰리스는 오래전 아메리카 원주민이 지은 곳이에요. 이곳은 북아메리카에서 가장 큰 절벽 주거지예요.

사람
미국

오대호는 이 대륙에서 가장 큰 다섯 개의 민물 호수를 뜻해요. 왼쪽 사진의 호수는 휴런호예요. 지도에서 나머지 호수 네 개를 찾아보세요.

나라 미국은 50개의 주로 구성되어 있어요. 알래스카주와 하와이주는 본토와 떨어져 있어요. 이 두 주는 지도 왼쪽 밑에 확대 그림이 있어요. 실제 위치는 이 페이지 오른쪽 위쪽의 작은 지구본 그림에서 찾아보세요.

도시 미국의 수도는 워싱턴 디시예요. 각 주마다 주도가 있어요. 가장 사람이 많은 도시는 뉴욕이에요.

사람 미국에는 전 세계 거의 모든 나라에서 온 사람들이 살고 있어요. 대부분은 도시와 그 주변 지역에서 살면서 일하고 있어요.

언어 영어를 가장 많이 쓰고, 에스파냐어가 그다음으로 쓰여요.

라크로스는 미국과 캐나다에서 인기 높은 북아메리카 원주민들이 하던 스포츠예요. 경기 중에 한 어린이 선수가 기뻐하며 소리치고 있어요.

세상을 떠난 사랑하는 이들을 기리는 '죽은 자들의 날' 축제가 캔자스주에서 열리고 있어요.

옐로스톤 국립 공원은 대부분 와이오밍주에 자리 잡고 있어요. 이곳은 세계 최초의 국립 공원이에요.

사람
캐나다

캐나다 밴쿠버의 이 예술 작품은 태평양 연안에 사는 살리시 부족 문화의 전통 디자인이에요. 사람과 자연이 연결된 모습을 보여 주지요.

나라 캐나다는 10개 주와 3개 준주로 이루어져 있어요. 온타리오주와 퀘벡주에 사람들이 많이 살아요.

도시 캐나다의 수도는 오타와예요. 토론토, 몬트리올, 밴쿠버는 대도시이자 항구예요.

사람 캐나다는 미국 캘리포니아주보다 인구가 적어요. 사람들은 대부분 남쪽 국경부터 160킬로미터 사이에 살아요. 캐나다에 유럽인이 오기 전부터 살았던 원주민을 퍼스트 네이션이라고 해요.

언어 캐나다의 도로 표지판은 영어와 프랑스어로 된 경우가 많아요. 프랑스어를 쓰는 사람들은 대부분 퀘벡주에 살아요.

캐나다의 길고 추운 겨울에 인기 있는 스포츠는 아이스하키예요. 하키 명예의 전당이 온타리오주 토론토에 있어요.

퀘벡시는 멕시코를 뺀 북아메리카에서 유일한 성곽도시예요.

44 북아메리카

북아메리카

온타리오호의 북쪽에 있는 토론토는 캐나다에서 가장 인구가 많은 도시예요.

워터튼 글레이셔 국제 평화 공원은 캐나다와 미국의 국경 지역에 자리 잡은 국제 공원이에요.

이누이트족 소년이 퀘벡주의 최북단 지역인 누나빅에서 얼음낚시를 하고 있어요.

남아메리카

남아메리카에는 놀라운 것들이 많아요. 세계에서 가장 큰 열대 우림인 아마존과 가장 건조한 사막인 아타카마 사막이 대표적이죠. 또한 에메랄드 광산들과 신비로운 유적지와 복잡한 현대 도시들도 있어요. 산악 지대에서는 라마들이 무거운 짐을 날라요. 초원에서는 카우보이인 가우초들이 소 떼를 몰아요. 감자와 토마토 같은 먹거리들이 이 대륙에서 시작됐어요.

딸기독화살개구리는 위 사진처럼 선명한 주황색에서 노란색, 흰색, 심지어 밝은 파란색까지 다채로운 색을 지녔어요.

페루 안데스산맥의 비니쿤카(무지개산)는 바위와 흙 속의 광물들 덕분에 아름다운 색이 나타나요.

남아메리카

땅

 **땅** 눈 덮인 안데스산맥이 이 대륙의 서해안을 따라 뻗어 있어요. 다른 곳은 열대 우림과 초원이 차지하고 있지요. 안데스산맥과 태평양 사이에 이 대륙에서 가장 건조한 사막이 있어요.

 **물** 아마존강은 세계에서 가장 많은 물이 흐르는 강이에요. 1000개가 넘는 강과 시냇물이 이곳으로 흘러들어요. 티티카카호는 이 대륙에서 가장 큰 호수예요.

 **기후** 남아메리카의 대부분 지역은 일 년 내내 따뜻해요. 안데스산맥과 대륙의 남쪽 끝이 가장 추워요. 열대 우림에는 해마다 200센티미터가 넘는 비가 내리지요.

 **식물** 아마존 열대 우림에는 세계 어느 곳보다 다양한 식물들이 살아요. 남쪽의 초원에 수많은 소와 양을 놓아기르지요.

 **동물** 열대 우림은 알록달록한 큰부리새, 시끄러운 짖는원숭이, 거대한 뱀 들의 보금자리예요. 안데스산맥에는 라마, 거대한 새 콘도르, 기니피그 들이 살아요. 남쪽의 넓은 초원에는 타조처럼 생긴 레아가 어슬렁거려요.

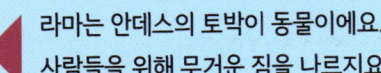
라마는 안데스의 토박이 동물이에요. 사람들을 위해 무거운 짐을 나르지요.

칠레 북부의 아타카마 사막에는 100년 넘게 비가 안 오는 곳도 있어요.

카이만 새끼가 가이아나의 큰가시연꽃 잎에 앉아 있어요.

열대 우림에는 크고 화려한 금강앵무가 살아요. 이 새는 앵무새의 한 종류예요.

아마존 분지에 사는 아마존노란점거북의 짭짤한 눈물을 마시려고 나비들이 다가가고 있어요.

사람
남아메리카

▶ 남아메리카 전역에서 많은 종교 축제가 열려요. 이 소녀는 가톨릭 축제에서 춤을 추고 있어요.

▼ 이 돌 조각상은 오래전 볼리비아의 티티카카호 근처에서 번성했던 티아우아나코 문명 유적에서 나왔어요.

 **나라** 남아메리카에는 나라가 12개뿐이에요. 프랑스령 기아나주는 프랑스의 해외 영토라서 나라는 아니에요. 이 대륙의 나라들은 두 곳 외엔 모두 바다에 닿아 있어요. 지도에서 두 내륙 국가를 찾아보세요.

 **도시** 대도시는 대부분 바다 근처에 있어요. 브라질의 상파울루는 남아메리카에서 가장 인구가 많은 도시예요. 볼리비아는 수도가 두 개예요. 라파스는 행정 수도고 수크레는 사법 수도죠.

 **사람** 오래전에 북쪽에서 사람들이 와서 처음 이곳에 정착했어요. 그다음에는 유럽, 특히 에스파냐와 포르투갈에서 식민지 개척자들이 왔지요. 그들은 농장 일을 시키려고 아프리카에서 사람들을 노예로 데려왔어요. 남아메리카 사람들은 대부분 이 세 집단의 후손이에요.

 **언어** 에스파냐어와 포르투갈어를 주로 써요. 그러나 케추아어나 다른 부족어를 쓰는 사람들도 있어요.

◀ 페루 여성이 화려한 문양으로 유명한 직물인 빨레이를 짜고 있어요.

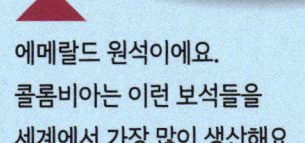

▲ 에메랄드 원석이에요. 콜롬비아는 이런 보석들을 세계에서 가장 많이 생산해요.

◀ 축구는 남아메리카에서 가장 인기 있는 스포츠예요. 브라질의 한 선수가 골을 넣으려고 집중하고 있어요.

남아메리카

아르헨티나 부에노스아이레스 상업 지구의 라플라타강에는 배가 지나갈 수 있도록 가운데 부분이 회전하는 '여인의 다리'가 있어요.

오세아니아

오세아니아는 적도보다 남쪽에 있어서 남반구에 위치해요. 오스트레일리아는 '다운언더 (저 아래 있는 땅)'라는 별명이 있어요. 적도 아래에 있기 때문이지요. 뉴질랜드와 파푸아 뉴기니 같은 큰 나라도 그보다 작은 섬 수천 개도 오세아니아에 포함돼요. 이 지역의 사람들은 바다에 기대어 살아가며 바다를 소중히 여겨요.

오스트레일리아에서만 발견되는 오리너구리는 물속 깊이 들어가 곤충, 조개류, 벌레를 잡아먹어요.

뉴질랜드의 수도 웰링턴에서 케이블카가 사람들을 언덕 위로 실어 날라요.

땅
오세아니아

오스트레일리아 블루마운틴 산악 지대에 있는 세자매봉의 멋진 모습이에요. 이 산들은 그레이트디바이딩산맥의 일부예요.

 **땅** 오세아니아의 육지는 오스트레일리아 서부의 건조한 모래사막부터 미크로네시아, 멜라네시아, 폴리네시아의 숲이 우거진 열대 섬에 이르기까지 다채로워요.

 **물** 모두 섬으로 이루어진 이 지역은 어디에서나 물이 보여요.

 **기후** 오스트레일리아의 대부분은 일 년 내내 매우 건조하고 따뜻해요. 하지만 오스트레일리아 남부는 겨울에 추워요. 오세아니아 섬들은 대부분 열대 지역에 속해서 일 년 내내 따뜻해요.

 **식물** 오스트레일리아의 숲에는 유칼립투스와 아카시아가 가장 많아요. 오세아니아의 다른 지역에는 코코야자와 맹그로브가 많이 자라요.

 **동물** 오스트레일리아에는 새끼를 배 주머니에 넣고 다니는 유대류 같은 특이한 동물들이 많이 살기로 유명해요. 오세아니아의 다른 지역에는 바닷새들과 화려한 극락조 등 많은 새가 살아요.

태즈메이니아의 숲에서 나무와 통나무 들이 이끼에 뒤덮여 있어요. 이 섬은 오스트레일리아 본토의 대부분 지역보다 기후가 훨씬 습해요.

뉴질랜드의 토박이 새인 키위는 날지 못해요. 깃털이 마치 털처럼 생겼어요.

54 오세아니아

사람
오세아니아

서핑은 오스트레일리아에서 인기 있는 스포츠예요. 퀸즐랜드주의 골드코스트에 서퍼들의 천국이라고 불리는 지역이 있어요.

 **나라** 오스트레일리아는 오세아니아에서 가장 큰 나라예요. 이 지역의 나머지는 뉴질랜드와 파푸아 뉴기니, 미크로네시아, 멜라네시아, 폴리네시아의 많은 섬으로 이루어져 있어요.

 **도시** 오스트레일리아의 주요 도시는 수도인 캔버라만 빼고 다 해안가에 있어요. 오세아니아의 수많은 섬에 다른 많은 도시가 흩어져 있어요.

 **사람** 오늘날 오스트레일리아 사람들은 대부분 영국과 아일랜드에서 온 정착민의 후손이에요. 원주민인 애버리진은 약 4만 년 전에 아시아에서 오스트레일리아로 건너왔어요. 오세아니아의 섬들에서는 많은 토착 문명이 이어지고 있어요.

 **언어** 오세아니아에서는 1500개가 넘는 원주민 언어를 쓰고, 오스트레일리아, 뉴질랜드 등에서는 주로 영어를 써요.

이 사람은 오스트레일리아에서 럭비 경기에 앞서 애버리진의 전통 악기인 디저리두를 연주하고 있어요.

오스트레일리아, 뉴질랜드, 파푸아 뉴기니에는 큰 어장이 많아서 전 세계에 해산물을 수출해요.

오세아니아

뉴질랜드는 세계에서 두 번째로 양모를 많이 생산해요. 메리노 품종 양을 키워 양모를 얻지요.

오스트레일리아는 세계에서 가장 오팔이 많이 나는 곳이에요. 오팔은 무지개 색으로 빛나는 아름다운 보석이에요.

폴리네시아 섬에서는 문화마다 독특한 전통 춤을 자랑해요. 종교 및 사교 행사는 물론 일상생활에서도 전통 춤을 즐기지요.

지도 기호표
- ✪ 수도
- ◉ 기타 수도
- • 도시
- ─ 경계선
- 건조 기후의 염호

남극 대륙

덜덜! 가장 추운 대륙은 남극 대륙이에요. 이 대륙은 남극점 주위의 땅으로, 얼어붙을 듯이 차가운 남극해로 둘러싸여 있어요. 어떤 곳은 3킬로미터 두께에 이르는 빙상으로 덮여 있어요. 이곳은 나라가 없는 유일한 대륙이에요. 연구소는 있지만 도시는 없어요. 사람이라곤 과학자, 탐험가, 관광객뿐이지요. 일 년 내내 여기에 사는 육지 동물 중 가장 큰 것은 날개 없는 곤충이랍니다!

웨들해물범은 전 세계에서 오로지 남극에서만 발견돼요.

펭귄 중에서 가장 긴 꼬리를 가진 젠투펭귄의 새끼가 꼬리를 자랑하고 있어요.

땅
남극 대륙

◀ 이 튼튼한 배는 쇄빙선이에요. 로스해의 얼음을 부수며 앞으로 나아가고 있어요.

땅 남극횡단산지는 남극 대륙을 두 부분으로 나누어요. 남극점이 있는 동남극은 대체로 높고 평평하며 얼음이 많은 지역이에요. 서남극은 산지예요. 남극반도는 남아메리카를 향해 손가락 모양으로 삐죽 나왔어요. 가장 높은 산은 빈슨산이에요.

물 지구 민물의 대부분은 남극 대륙의 빙상 안에 얼어붙어 있어요. 이 얼음은 남극해와 만나 부서져요. 바다에 떠다니는 이 거대한 얼음 덩어리를 빙산이라고 해요.

기후 남극은 춥고 바람이 많이 불며 건조해요. 그나마 조금 내리는 눈조차 얼음이 되어 버려요. 이곳의 빙상은 수백만 년 동안 두꺼워진 거예요.

식물 수십 억 개의 아주 작은 식물이 남극 주변 바다에 살고 있어요. 눈이나 얼음이 덮이지 않은 바위 위에 이끼와 지의류가 붙어 자라요.

동물 남극의 동물들은 대부분 물속에 살거나 바닷가 가까이에 살아요. 펭귄은 바닷가에 둥지를 틀고, 고래나 물개, 크릴은 바닷속에서 살지요.

이 지역의 많은 동물은 주로 아주 작은 남극 크릴을 먹고 살아요. ▼

에스페란사 기지는 열 가족만 사는 마을이면서 과학자들의 연구 기지예요. ▼

남극 대륙에만 사는 펭귄은 두 종이 있는데, 그중 하나가 이 아델리펭귄이에요. ▼

한눈에 보는 세계

육지

넓은 순서로 보는 대륙
1. 아시아: 44,570,000㎢
2. 아프리카: 30,065,000㎢
3. 북아메리카: 24,474,000㎢
4. 남아메리카: 17,819,000㎢
5. 남극 대륙: 13,209,000㎢
6. 유럽: 9,947,000㎢
7. 오스트레일리아: 7,741,000㎢

사람

지구에는 거의 200개 나라에 78억 명이 넘는 사람들이 살고 있어요. 전 세계 인구의 반 이상이 아시아에 살지요. 세계 인구의 반 조금 넘는 사람들이 도시에 살아요.

인구가 가장 많은 5개 나라 (2022년 월드뱅크 자료)
1. 인도(아시아): 1,417,173,000명
2. 중국(아시아): 1,412,175,000명
3. 미국(북아메리카): 333,288,000명
4. 인도네시아(아시아): 275,501,000명
5. 파키스탄(아시아): 235,825,000명

인구가 가장 많은 10개 도시* (2021년 자료)
1. 일본 도쿄(아시아): 37,340,000명
2. 인도 델리(아시아): 31,181,000명
3. 중국 상하이(아시아): 27,796,000명
4. 브라질 상파울루(남아메리카): 22,237,000명
5. 멕시코 멕시코시티(북아메리카): 21,919,000명
6. 방글라데시 다카(아시아): 21,741,000명
7. 이집트 카이로(아프리카): 21,323,000명
8. 중국 베이징(아시아): 20,897,000명
9. 인도 뭄바이(아시아): 20,668,000명
10. 일본 오사카(아시아): 19,111,000명

* 중심 도시와 주변 지역을 합한 도시권 기준

물

넓은 순서로 보는 대양
1. 태평양: 168,600,000㎢
2. 대서양: 85,600,000㎢
3. 인도양: 71,200,000㎢
4. 남극해: 21,900,000㎢
5. 북극해: 15,700,000㎢

가장 높은 곳, 가장 긴 곳, 가장 큰 곳
각 번호를 지도에서 찾아 위치를 알아보세요.

❶ 대륙에서 가장 높은 산
에베레스트산(아시아): 8,849m

❷ 가장 높은 폭포
앙헬 폭포(남아메리카): 979m

❸ 가장 큰 섬
그린란드(북극해와 대서양 경계): 2,166,000㎢

❹ 가장 큰 바다
태평양: 168,600,000㎢

❺ 가장 긴 강
나일강(아프리카): 6,695km

❻ 가장 큰 민물 호수
슈피리어호(북아메리카): 82,100㎢

❼ 가장 큰 짠물 호수
카스피해(유럽-아시아): 371,000㎢

❽ 가장 큰 산호초
그레이트배리어리프(오스트레일리아): 348,300㎢

❾ 가장 큰 뜨거운 사막
사하라 사막(아프리카): 9,000,000㎢

❿ 가장 큰 추운 사막
남극 대륙: 13,209,000㎢

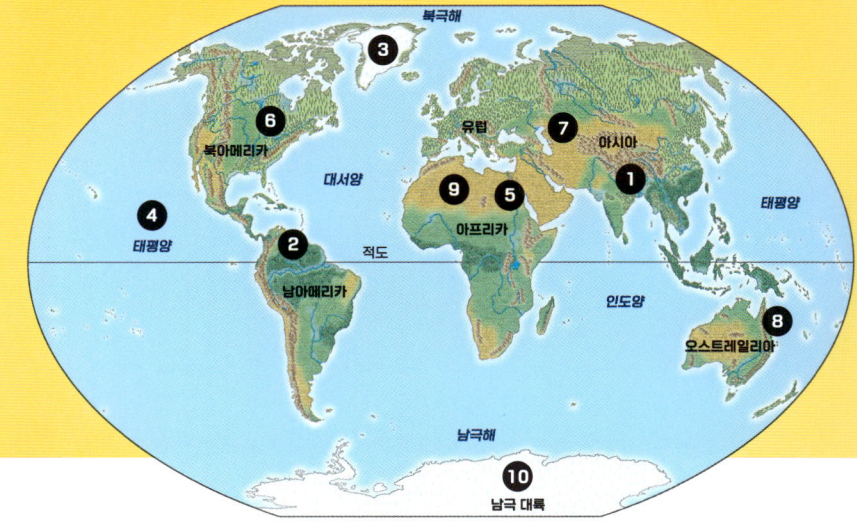

용어 풀이

고원 주로 높은 지대에 있는 평평한 지역

나라(국가) 국경과 이름과 국기를 갖추고, 해당 국토와 국민에 대한 세계 최고의 권위를 가진 정부가 있는 곳.

도 지방 행정 구역 단위

도시 사람들이 많이 모여 사는 지역

멸종 생물종이 더 이상 살고 있지 않는 것

빙하 오랜 시간 쌓인 눈이 얼음덩어리로 변하고 중력에 의해 천천히 낮은 곳으로 움직이는 것. 넓은 지역을 덮는 거대한 빙하를 빙상 또는 대륙 빙하라고 한다. 빙상이 바다 위로 넓게 떠 있는 것은 빙붕이라고 한다.

산호초 아주 작은 해양 동물인 산호의 분비물이나 뼈가 쌓여 만들어진 암초. 따뜻하고 얕은 바다 속에 있다.

수도 나라의 행정 중심지

수출 다른 나라에 상품이나 서비스를 판매하는 일

스텝 동유럽에서 아시아까지 뻗어 있는 건조한 초원

식민지 개척자 다른 나라의 땅을 빼앗으며 새로운 장소에 정착한 사람

염호 짠물 호수. 바닷물이 들거나 건조 기후에서 물이 증발하여 생긴다.

유럽 연합 유럽의 27개 회원국이 모인 단체 (오스트리아,* 벨기에,* 불가리아, 크로아티아, 키프로스,* 체코, 덴마크, 에스토니아,* 핀란드,* 프랑스,* 독일,* 그리스,* 헝가리, 아일랜드,* 이탈리아,* 라트비아,* 리투아니아,* 룩셈부르크,* 몰타,* 네덜란드,* 폴란드, 포르투갈,* 루마니아, 슬로바키아,* 슬로베니아,* 에스파냐,* 스웨덴. 2024년 1월 기준. 별표*를 표시한 나라는 유로를 공식 통화로 사용한다.)

유로 유럽 연합의 공식 통화

융기 지구의 어느 지역이 자연적인 원인으로 주변보다 위로 올라가는 현상

이끼 꽃이나 씨앗이 없으며 바위와 나무에 붙어 천천히 자라는 녹색 식물

인구 일정한 지역에 사는 사람의 수

인종 조상과 언어, 믿음과 전통을 함께 하는 사람들

적응 서식 환경에 유리하게 바뀌는 식물이나 동물의 신체적 특징이나 행동

주 행정 구역 단위. 미국은 50개 주가 있다.

지류 더 큰 강으로 흘러드는 강이나 하천

지의류 식물과 비슷한 유기체로 일부는 조류, 일부는 균류이며, 주로 식물이 거의 살지 못하는 환경에서 산다.

침식 바람이나 물에 의해 흙과 바위가 깎이는 현상

타이가 북반구에서 위도가 높은 냉대 기후 지역에 나타나는 침엽수림

평원 주로 풀로 덮인 평평하고 너른 땅

풍화 지구 표면이 바람, 물, 대기 가스, 동식물의 영향으로 부서지는 현상

환경 우리 주변의 사람, 도시, 식물과 동물, 공기, 물 등 모든 것을 아우르는 세계

찾아보기

ㄱ
가이아나 48
강 12
고산도롱뇽 26
과테말라 40
그레이트디바이딩산맥(오스트레일리아) 54, 55
그레이트배리어리프(오스트레일리아) 54, 55
그린란드 12, 36, 39
글레이셔 국립 공원(미국) 38
금강앵무 48
기차 9, 24
기후 8

ㄴ
나이지리아 34
나일강(아프리카) 12, 30, 32, 34
낙엽수림 13, 38

낙타 18
난초사마귀 18-19
남극 대륙 58-61
남극빙어 61
남극점 58, 60
남아메리카 46-51
노르웨이 26
농업 9, 21, 34, 40
누나빅(캐나다) 45
뉴욕(미국) 36-37, 42, 43
뉴질랜드 52-53, 54, 55, 57

ㄷ
단봉낙타 18
대륙 12
대서양퍼핀 27
대양 12

대왕판다 19, 21
도쿄(일본) 20
동아프리카 지구대 33
디저리두 56
디야 20

ㄹ
라마 46, 48
라크로스 42
러시아 24, 28, 29
로마(이탈리아) 28
로스해 60

ㅁ
마터호른 26
말라위 9
말코손바닥사슴 38

맹그로브 33, 54
메콩강(아시아) 18
멕시코 36, 38, 40
멕시코시티(멕시코) 40
멜라네시아 54, 56
모스크바(러시아) 28, 29
모시 오아 툰야(잠비아-짐바브웨) 30-31
몰타 28
물범 58
미국 38, 40, 42-43
미크로네시아 54, 56

ㅂ

바티칸 시국 28
반도 12
밴쿠버(캐나다) 44
베트남 9
볼리비아 50
부에노스아이레스(아르헨티나) 51
북아메리카 36-45
블루마운틴 산악 지대(오스트레일리아) 54
비니쿤카(페루) 46-47
빅토리아 폭포(잠비아-짐바브웨) 30-31
빙상 13, 58, 60

ㅅ

사막 8, 12, 16, 18, 30, 32, 38, 46, 48, 54
사하라 사막(아프리카) 32, 34
사해(이스라엘-요르단) 16
산맥 8-9, 12, 18, 46-47, 32, 54
산호초 8, 54, 55
상파울루(브라질) 50
상하이(중국) 16-17
서울(대한민국) 22
서인도 제도 40
서핑 56
섬 12
성 바실리 대성당(러시아) 29
세계 지도 8-15
소 46, 48
쇄빙선 60
스라소니 24
스타리 모스트(보스니아 헤르체고비나) 24-25
스텝 18
습지 13

ㅇ

아라비아반도 18
아마존강(남아메리카) 48
아시아 16-23
아이스하키 44
아카시아 32
아타카마 사막(칠레) 46, 48
아프리카 30-35
안데스산맥(남아메리카) 46-47, 48
알제리 34
알프스산맥(유럽) 26
암석 38-39
앙코르와트(캄보디아) 20
양 48, 57
양쯔강(중국) 18
얼룩말 30, 33
에메랄드 46, 50
에베레스트산(중국-네팔) 18
에스파냐 28, 50
연꽃 48
열대 우림 13, 18, 19, 32, 46, 48
옐로스톤 국립 공원(미국) 42
오대호(캐나다-미국) 12, 38, 42
오리너구리 52
오세아니아 52-57
오스트레일리아 52-57
오타와(캐나다) 44
오테마누산(보라보라섬) 55
오팔 57
웨들해물범 58
웰링턴(뉴질랜드) 52-53
유럽 24-29
유럽 연합 28
유로화 28
유칼립투스 54, 55
이누이트 45
이집트 34
이탈리아 24, 28
인도 20
인도네시아 20, 21
인도천산갑 16

ㅈ

자연 지도 8, 10-13
자이언트 코즈웨이(영국) 26
적도 5, 52
절벽 주거지 40
정치 지도 8, 9, 14-15
중국 16-17, 19, 20
중앙아메리카 36, 38, 40
지구 4, 5
지구본 5
지도 기호 6, 7, 10
지중해 26, 28
짐바브웨 35

ㅊ

초원 13, 18, 32, 33, 38, 46, 48
축구 50
축제 20, 28, 40, 42, 50
치타 30
칠레 48
침엽수림 12, 18

ㅋ

카리브해 36
카스피해 18
카이로(이집트) 34
카카오 열매 34
캐나다 40, 44-45
커피 40
케냐 30, 34
케추아어 50
코스타리카 38
코알라 55
코트디부아르 34
콜로세움(이탈리아) 28
콜롬비아 50
쿠알라룸푸르(말레이시아) 20
퀘벡(캐나다) 44
크릴 60
키위 54
킬리만자로산(탄자니아) 32

ㅌ

타이가 18
태국 21
태즈메이니아(오스트레일리아) 54
토론토(캐나다) 9, 44, 45
툰드라 13, 18
트리니다드 토바고 40

ㅍ

파나마 운하 36, 41
파푸아뉴기니 52, 56
페루 46-47, 50
펭귄 59, 60
폴리네시아 54, 56, 57
피오르 26
푸푸 35

ㅎ

하라레(짐바브웨) 35
해변 28, 38
호랑이 8, 18
호수 12
화석 연료 21
회색곰 36
히말라야산맥(아시아) 18

사진 저작권

표지
(Earth), Ragnarock/Shutterstock; (Colosseum), Viacheslav Lopatin/Shutterstock; (chameleon), Kuttelvaserova Stuchelova/Shutterstock; (One World Trade Center), IndustryAndTravel/Adobe Stock; (sailboat), lunamarina/Adobe Stock; (panda), Eric Isselée/Shutterstock; (Great Wall of China), Hung Chung Chih/Shutterstock; (boomerang), Michal Adamczyk/Adobe Stock; back cover (Angkor Wat Temple), Bule Sky Studio/Shutterstock; (mountain), emperorcosar/Adobe Stock; (seal), John Brown/Getty Images; (Toronto), anderm/Adobe Stock; (surfer), Myfanwy Jane Webb/iStockphoto; (lynx), Ondrej Prosicky/Adobe Stock

본문
2 (UP), hecke71/Adobe Stock; 2 (LO), emperorcosar/Adobe Stock; 3 (UP LE), Ondrej Prosicky/Adobe Stock; 3 (UP RT), Martin/Adobe Stock; 3 (CTR LE), ABCDstock/Adobe Stock; 3 (CTR RT), John Brown/Getty Images; 3 (LO LE), Anthony Ponzo/Getty Images; 5, Wavebreakmedia/Getty Images; 8 (UP), Witchaphon Saengaram/Getty Images; 8 (LO), Ethan Daniels/Shutterstock; 8 (CTR LE), Jo Ann Snover/Shutterstock; 9 (UP LE), africa924/Getty Images; 9 (UP RT), Martine Mouchy; 9 (CTR RT), anderm/Adobe Stock; 9 (LO), hadynyah/Getty Images; 12 (LE), Perception of Reality/Shutterstock; 12 (CTR), Raylight3/Dreamstime; 12 (RT), Steven Sweinberg/Getty Images; 13 (UP RT), Santiago/Adobe Stock; 13 (UP CTR RT), jxfzsy/Getty Images; 13 (LO CTR RT), Stephen and Michele Vaughan; 13 (LO LE), Brand X; 13 (LO CTR), Stéphane Bidouze/Adobe Stock; 13 (LO RT), Syda Productions/Adobe Stock

아시아
16, Vicky_Chauhan/Getty Images; 17, ABCDstock/Adobe Stock; 18 (UP), MyWorld/Adobe Stock; 18 (LO LE), MLenny/Getty Images; 18 (LO CTR), Indochina studio/Shutterstock; 18 (LO RT), Muhammad Otib/EyeEm/Adobe Stock; 19 (UP RT), Rafal Cichawa/Shutterstock; 19 (LO RT), Foreverhappy/Shutterstock; 20 (UP), pistolseven/Shutterstock; 20 (LO LE), Bule Sky Studio/Shutterstock; 20 (LO CTR), mitgirl/Adobe Stock; 20 (LO RT), Michael Ventura; 21 (CTR RT), Thirawatana/Adobe Stock; 21 (LO LE), Gilles Bassignac/Gamma-Rapho via Getty Images; 22 (UP), Vau Kim/Unsplash; 22 (CTR), Nikki/Pixabay; 22 (LO LE), thestory/Getty Images; 22 (LO RT), Philip Jang/Unsplash; 23 (UP), 권오철/한국저작권위원회(CC BY); 23 (LO), 전영재/한국저작권위원회(CC BY)

유럽
24, Ondrej Prosicky/Adobe Stock; 25, Horváth Botond/Adobe Stock; 26 (UP), S-F/Shutterstock; 26 (CTR), James Balog/Getty Images; 26 (LO LE), Eric Isselée/Adobe Stock; 26 (LO RT), Andrey Armyagov/Adobe Stock; 27, Alta Oosthuizen/Adobe Stock; 28 (UP), Ionov Vitaly/Shutterstock; 28 (CTR UP), Alexander Chizhenok/Shutterstock; 28 (CTR LE), Fotosearch; 28 (CTR RT), Medio Images/Index Stock Imagery; 28 (LO LE), unknown1861/Shutterstock; 28 (LO RT), cge2010/Adobe Stock; 29, Vladitto/Shutterstock

아프리카
30, Anthony Ponzo/Getty Images; 31, Michael/Adobe Stock; 32 (UP), Graeme Shannon/Shutterstock; 32 (LO LE), 1001slide/Getty Images; 32 (LO CTR), xavier gallego morel/Adobe Stock; 32 (LO RT), Sergei25/Shutterstock; 35 (UP RT), giedriius/Adobe Stock; 35 (LO LE), Kevin Shafer/Getty Images; 35 (LO RT), sergejson/Adobe Stock; 36 (UP), A Rey/Getty Images; 36 (CTR LE), Sia Kambou/AFP via Getty Images; 36 (CTR RT), RZAF_Images/Alamy; 36 (LO), Dan Breckwoldt/Dreamstime; 37 (UP RT), Jason Venkatasamy/Alamy; 37 (LO RT), Chuck Bigger/Alamy Stock Photo

북아메리카
36, hecke71/Adobe Stock; 37, Xtreme Heights/Adobe Stock; 38 (UP), paulacobleigh/Adobe Stock; 38 (CTR RT), Charles Krebs/Getty Images; 38 (LO LE), hakoar/Adobe Stock; 38 (LO RT), Jane Rix/Shutterstock; 39 (UP RT), Tony Craddock/Shutterstock; 39 (CTR LE), Simon Dannhauer/Adobe Stock; 40 (UP LE), robcocquyt/Shutterstock; 40 (UP RT), George Hunter; 40 (CTR RT), Richie Chan/Adobe Stock; 40 (LO LE), pixynook/Getty Images; 40 (LO CTR), Alison Wright/Getty Images; 40 (LO RT), kravka/Shutterstock; 41, Will & Deni McIntyre/Getty Images; 42 (UP), edb3_16/Adobe Stock; 42 (CTR), Mark Reinstein/Corbis via Getty Images; 42 (LO LE), Click Images/Adobe Stock; 42 (LO RT), Brad Pict/Adobe Stock; 43 (CTR RT), photoDISC; 43 (LO), kmiragaya/Adobe Stock; 44 (UP), demerzel21/Adobe Stock; 44 (LO LE), Fred Kfoury III/Icon Sportswire via Getty Images; 44 (LO RT), JNBazinet/Alamy Stock Photo; 45 (UP RT), anderm/Adobe Stock; 45 (CTR RT), klevit/Adobe Stock; 45 (LO RT), Friedrich Stark/Alamy Stock Photo

남아메리카
46, kikkerdirk/Adobe Stock; 47, emperorcosar/Adobe Stock; 48 (UP LE), MP cz/Shutterstock; 48 (UP RT), Bryan Parsley; 48 (CTR RT), Pete Oxford/NPL/Minden Pictures; 48 (LO LE), Frans Lanting; 48 (LO RT), bchyla/Shutterstock; 50 (UP LE), Lori Epstein; 50 (UP RT), Gary Yim/Shutterstock; 50 (LO LE), hadynyah/Getty Images; 50 (LO CTR), RJ Lerich/Shutterstock; 50 (LO RT), Don Kincaid/Stars and Stripes; 51, Antonio Salaverry/Shutterstock

오세아니아
52, Dave Watts/Nature Picture Library; 53, Martin/Adobe Stock; 52 (UP), Wouter Tolenaars/Shutterstock; 54 (LO LE), Jason Edwards/National Geographic Image Collection; 54 (LO CTR), GlobalP/Getty Images; 54 (LO RT), Marco Brivio/Adobe Stock; 55 (LO LE), Penny Tweedie/Getty Images; 55 (LO RT), Maridav/Adobe Stock; 56 (UP CTR), Myfanwy Jane Webb/iStockphoto; 56 (LO LE), Bradley Kanaris/Getty Images; 56 (LO RT), imagevixen/Shutterstock; 57 (UP RT), John Carnemolla/Australian Picture Library/Getty Images; 57 (LO LE), Andy Koehler/Adobe Stock; 57 (LO RT), sarayuth3390/Getty Images

남극
58, John Brown/Getty Images; 59, Song_about_summer/Adobe Stock; 60 (UP), Sergey/Adobe Stock; 60 (CTR), David Katz/Adobe Stock; 60 (LO LE), Jean-Paul Ferrero/AUSCAPE/Alamy Stock Photo; 60 (LO RT), David Merron/Getty Images; 61, Pally/Alamy Stock Photo

---

지은이 내셔널지오그래픽 키즈
내셔널지오그래픽은 최신 기술로 수집한 정보를 혁신적인 지도 제작 기술과 결합해 최고의 물리적 지도와 정치, 주제 지도를 만들며, 지리학 지식을 전 세계에 퍼뜨리는 데 기여해 왔다. 어린이 출판 브랜드인 내셔널지오그래픽 키즈는 우주, 자연, 생태, 역사 등의 콘텐츠를 독보적인 수준의 사진 자료와 함께 제공하고 있다. 지도 책임자인 데비 기본스가 이끄는 뛰어난 지도 제작자들과 연구원들은 내셔널지오그래픽의 모든 자원과 경험을 활용해서 어린이 독자가 쉽게 이해할 수 있는 지도를 만들고 있다. 지리 전문가인 스카이 파워스-카민스키는 내셔널지오그래픽 공인 교육자이며 환경 지리학 학사 학위 및 과학과 사회 교육 석사 학위가 있다. 20년 넘게 교육 현장에서 일하면서 교육 과정을 개발하고 교육법을 지도했다. 특히 생물 지리학 교육에 관심이 많고 사람이 자연과 문화를 이해하고 연결해 볼 수 있도록 돕는 데서 기쁨을 얻고 있다.

옮긴이 서남희
대학에서 역사와 영문학을, 대학원에서 서양사를 공부했다. 지은 책으로 「그림책과 작가 이야기」 시리즈, 옮긴 책으로 「아기 물고기 하양이」 시리즈, 「분홍 모자」, 「코끼리 탐험대와 지구 한 바퀴」, 「세계사를 한눈에 꿰뚫는 대단한 지리」, 「세계사와 지리가 보이는 특급 기차 여행」 등이 있다.

내셔널지오그래픽 키즈
초등학생을 위한 세계 지도책

1판 1쇄 펴냄 - 2024년 2월 7일 | 1판 2쇄 펴냄 - 2025년 12월 15일

지은이 내셔널지오그래픽 키즈 외 옮긴이 서남희 펴낸이 박상희 편집장 전지선 편집 김지호, 서은미 디자인 박재희, 신현수 펴낸곳 (주)비룡소 출판등록 1994.3.17.(제16-849호)
주소 06027 서울시 강남구 도산대로1길 62 강남출판문화센터 4층 전화 02)515-2000 팩스 02)515-2007 홈페이지 www.bir.co.kr
제품명 어린이용 각양장 도서 제조자명 (주)비룡소 제조국명 대한민국 사용연령 3세 이상

BEGINNER'S WORLD ATLAS
First Edition Copyright © 1999 National Geographic Society
Updated © 2005, 2011 National Geographic Society
Updated © 2019, 2022 National Geographic Partners, LLC.
Korean Edition Copyright © 2024 National Geographic Partners, LLC.
All rights reserved.
NATIONAL GEOGRAPHIC and Yellow Border Design are trademarks of the National Geographic Society, used under license.

이 책의 한국어판 저작권은 National Geographic Partners, LLC.에 있으며, (주)비룡소에서 번역하여 출간하였습니다. 저작권법에 의해 한국 내에서 보호를 받는 저작물이므로 무단 전재와 무단 복제를 금합니다.

ISBN 978-89-491-3262-4 74980 / ISBN 978-89-491-3260-0 (세트)

최고의 사진으로 만나는
내셔널지오그래픽 키즈 베스트

어린이를 위한 지식 트렌드 리포트

생물 우주

역사 지리

**130년 전통의 내셔널지오그래픽 전문가들이
기초 지식부터 최신 정보까지 담아낸 어린이 지식 연감**

내셔널지오그래픽 키즈 사이언스 2026
내셔널지오그래픽 키즈 지음 | 이한음, 김아림 옮김 *계속 출간됩니다.

© National Geographic